INVENTAIRE
M 24.929

THÉATRE

DE LA GUERRE

AUTRICHIEN ET RUSSE,

DANS

la Turquie d'Europe;

TRADUIT DE L'ALLEMAND

de **L. de Ciriacy**, *major prussien*,

Par **LE CHEVALIER HERVÉ**,

CAPITAINE-AIDE DE CAMP DE M. LE MARÉCHAL DE CAMP BARON BOULART,
COMMANDANT L'ÉCOLE ROYALE DE L'ARTILLERIE DE STRASBOURG,

Strasbourg,

FRÉDÉRIC-CHARLES HEITZ, ÉDITEUR, RUE DE L'OUTRE N° 3.

PARIS,

ANSELIN, LIBRAIRE, RUE DAUPHINE N° 8.

1828.

THÉATRE
DE LA GUERRE
AUTRICHIEN ET RUSSE,
DANS
la Turquie d'Europe;

TRADUIT DE L'ALLEMAND

de L. de Ciriacy, major prussien,

PAR LE CHEVALIER HERVÉ,

CAPITAINE-AIDE DE CAMP DE M. LE MARÉCHAL DE CAMP BARON BOULART, COMMANDANT L'ÉCOLE ROYALE DE L'ARTILLERIE DE STRASBOURG.

Strasbourg,

FRÉDÉRIC-CHARLES HEITZ, ÉDITEUR, RUE DE L'OUTRE N° 3.

PARIS,

ANSELIN, LIBRAIRE, RUE DAUPHINE N° 8.

1828.

Avant-Propos du Traducteur.

En publiant une traduction de l'ouvrage de M. le major DE CIRIACY, l'un des écrivains militaires les plus distingués de la Prusse, nous nous sommes rendus au désir exprimé dans le *Spectateur militaire* (29.ᵉ livraison, page 497) qui a donné une analyse de cette production récente et de justes éloges à son auteur. Sans doute l'importance du sujet et le talent de l'écrivain, méritaient une plume plus exercée que la nôtre et l'eussent rencontrée tôt ou tard. Au moins nous sommes-nous attachés à rendre fidèlement le sens de l'original et à pousser notre travail avec célérité. Nous osons espérer, qu'on nous saura quelque gré, sous ce rapport. Mais les évènemens de la guerre marchent souvent plus vite que la presse et lorsque ce petit livre tombera dans les mains des nombreux lecteurs français qui s'intéressent aux affaires de l'Orient, la première campagne de cette guerre mémorable sera terminée. Nous pensons toute fois que cette lecture ne sera pas moins attachante. Une description exacte du théâtre de la guerre, une évaluation approximative des forces et des chances de succès des deux puissances belligérantes, des vues pleines de sagacité sur le plan de campagne à suivre, sur les résultats que les Russes pouvaient raisonnablement espérer, toutes ces considérations sont encore palpitantes d'intérêt et mettront le lecteur à même de porter un jugement sain et impartial sur les événements de cette première campagne. Nous disons cette première, car tout n'est pas encore terminé; et il n'était point possible qu'il en fût autrement. Nous aussi, nous avons partagé cette erreur commune, et nous avons éprouvé quelque surprise de ne point voir les Russes se présenter, dès la première campagne, devant la capitale de l'Empire ottoman. Mieux informés maintenant sur les obstacles qu'ils avaient à vaincre et sur les ressources de leurs ennemis, nous nous gardons bien de reprocher aux Russes trop de lenteur et d'hésitation. Quoiqu'il en soit, la prise de Varna qui n'avait jamais vu flotter sur ses murs l'étendard moscowite, a noblement couronné les opérations de cette campagne, dont la chute de Silistrie va consolider les importans résultats. Le chemin de Constantinople est désormais ouvert aux Russes. S'y précipiteront-ils au retour de la belle saison, ou bien les travaux méthodiques et silencieux de la diplomatie sauront-ils imposer silence au cliquetis des armes, c'est ce qu'il ne nous est point donné de prévoir. Mais, au milieu de ce conflit d'intérêts si grands et si variés, chrétien et français, il nous sera sans doute permis de faire des vœux pour le triomphe de la croix et de la civilisation.

Introduction.

L'Europe dirige maintenant ses regards, plus que jamais, sur l'Empire ottoman. Depuis que la guerre a éclaté entre les Turcs et leurs plus grands ennemis, les Russes, l'attention générale est occupée de nouveau de cette question : Quand la catastrophe annoncée dès long-tems pourra-t-elle recevoir son accomplissement ?

On n'a cependant pas l'intention, de parler ici des conjonctures politiques qui peuvent détourner cette guerre ou exercer du moins quelqu'influence sur ses suites. Mais il est des personnes, et surtout parmi celles qui lisent avec réflexion les feuilles publiques, qui cherchent à s'éclairer sur la nature du théâtre de la guerre dans la Turquie d'Europe et sur les rapports militaires qui s'y rattachent, afin d'avoir une intelligence plus parfaite des évènements qui vraisemblablement auront lieu ; et c'est pour elles que nous écrivons.

Cette déclaration doit faire taire d'avance la critique de ceux qui s'attendraient à trouver ici, dans un cadre plein d'érudition, d'amples détails topographiques, et un système régulier de considérations stratégiques, où l'on tiendrait compte de tous les faits plus ou moins importants suivant le tems et le lieu. Il doit être permis de douter que tous les matériaux nécessaires à un semblable travail aient été rassemblés jusqu'ici. S'ils existent ils sont du moins fort rares et les pages qu'on va lire n'ont pas été tracées pour ceux qui possèdent ces documens.

L'empire turc s'étend sur l'Europe, l'Asie et l'Afrique. Il comprend une surface d'environ 54,000 lieues carrées, et sa population s'élève, à peu près, à 30 millions d'individus ; savoir :

En Europe, 9000 lieues carrées et 10 à 11 millions d'habitans ;

en Asie, 24,000 lieues carrées et 11 millions d'habitans ;

en Afrique, c'est-à-dire l'Égypte et les états d'Alger, de Tunis et de Tripoli qui sont tributaires de la Porte, 21,000 lieues carrées et 9 millions d'habitans.

La population de la Turquie d'Asie et d'Afrique se compose en majeure partie de Mahométans, c'est-à-dire de Turcs, d'Arabes etc. et seulement en petite proportion, du moins en Asie, de Chrétiens, tels que Grecs, Arméniens etc. et enfin de Juifs etc.

Parmi les habitans de la Turquie d'Europe on compte :

2 millions de Turcs,

3 millions de Grecs et d'Albanais,

1 million 800,000 Serviens,

1 million 500,000 Bulgares,

et 1 million 500,000 Moldaves et Valaques.

Ainsi la principale force de l'empire Ottoman, en tant qu'on veuille la faire consister dans le plus grand nombre de Mahométans, réside en Asie et en Afrique.

La population turque en Europe ne doit donc être considérée que comme une colonie militaire.

Les provinces turques, en Europe, forment une grande péninsule qui, à l'exception de la Moldavie et de la Valachie est presqu'entièrement montagneuse.

La principale chaîne de montagnes qui est une continuation des Alpes s'étend de l'ouest vers l'est et se termine à la mer noire. Dans la Bosnie, elle porte le nom d'*Alpes dinariennes*, plus loin on lui donne le nom grec: *Hœmus*, et le nom turc: *Balkan* qui sert communément, en Turquie, pour désigner les montagnes.

Les sommets les plus élevés des Alpes dinariennes ont à ce qu'on prétend, environ 7000 pieds et ceux de l'Hœmus, entre Prisrenda et Sophia, 9000 pieds de hauteur au-dessus du niveau de la mer. A l'est de Sophia la crête s'abaisse jusqu'à 3000 pieds et au-dessous.

Des ramifications nombreuses, plus ou moins considérables, s'écartent au nord et au sud de la chaîne principale et accompagnent les eaux qui en surgissent. Celles qui s'écoulent vers le nord se jettent dans le Danube qui forme un grand bassin parallèle à l'Hœmus.

Celui-ci présente l'aspect d'une longue et haute muraille qui partage la presqu'île en deux parties inégales. La portion septentrionale est limitée par le Danube et la Save.

Les Turcs n'eussent sans doute jamais pu ni dû franchir cette barrière naturelle, si les guerres des puissances chrétiennes, entr'elles, ne leur eussent applani le chemin.

Une fois que les Turcs eurent occupé les sommités du pays ils se rendirent aussi les maîtres du cours des eaux qui s'écoulent de là vers le nord.

Tous les efforts de l'Europe centrale ne purent arrêter leurs progrès et malgré les nombreuses et désastreuses défaites que les Turcs ont essuyées depuis la bataille de Vienne, on ne parvint à leur reprendre que la Basse-Hongrie et le Bannat, et on ne pût les refouler que jusqu'à la Save et à Belgrade. La Bosnie et la Servie qui étaient jadis des royaumes, restèrent même soumises à la suzeraineté des Turcs, bien que ces contrées fussent habitées, généralement, par des peuples chrétiens.

Si les nombreuses victoires remportées par les chrétiens, tandis que l'empire turc est sans contredit dans un état de décadence depuis plusieurs siècles et quoique les Turcs aient perdu leur ancienne supériorité en valeur guerrière et en habileté, ont eu des résultats aussi peu décisifs, on peut l'attribuer aux grandes ressources de leur empire ainsi qu'à l'influence des localités et de la nature du théâtre de la guerre dans la Turquie d'Europe.

Quant aux ressources, il est incontestable qu'elles furent de tous tems considérables et que même après les revers les plus désastreux, elles permirent aux Turcs de développer de plus grandes forces militaires et de se recruter constamment.

Les armées turques furent toujours beaucoup plus

nombreuses que les armées européennes qui leur étaient opposées. Ce rapport continua même d'exister après que le système des grandes armées permanentes eut été introduit généralement en Europe. Il faut néanmoins observer que depuis le siége de Vienne, en 1683, l'Autriche et la Russie parurent toujours seules sur le champ de bataille et qu'elles ne firent cause commune que deux fois, savoir dans les guerres de 1737 à 1739 et de 1788 à 1792. Aussi dans cette dernière guerre les armées de ces deux puissances surpassèrent celles des Turcs, quoique momentanément et sur certains points, les Turcs opposassent à l'Autriche des forces supérieures, ce qui est une preuve qu'on doit cependant aussi se tenir en garde contre leur stratégie naturelle.

Il serait superflu de se livrer ici à un examen beaucoup plus approfondi, pour s'assurer jusqu'à quel point la prépondérance que les armées européennes ont obtenue sous le rapport de l'ordre, de la discipline et de la tactique, a toujours compensé et pourra compenser encore, par la suite, l'inégalité du nombre. Mais ce qu'il y a de certain, c'est que cette même prépondérance est cause que depuis des siècles les Turcs ont presque toujours été vaincus en rase campagne. C'est là surtout leur côté faible et la raison, pour laquelle en définitif, les Turcs ont presque toujours eu et auront encore, à l'avenir le dessous. En revanche ils sont forts dans la défense des retranchemens, qu'ils élèvent partout, et dans celle des positions auxquelles ils savent donner l'importance des forteresses. Par cela même, et favorisés par la nature du théâtre de la guerre, ils neutralisent en quelque sorte les conséquences de leurs défaites.

Pour le moment nous nous bornerons à faire ici la remarque, que les Turcs sont encore en état d'opposer à la longue à leurs ennemis, au moins autant de forces que ceux-ci peuvent en entretenir sur pied, eu égard au climat et à la nature du théâtre de la guerre. Ni la destruction du corps des Janissaires à Constantinople, ni cette circonstance que les principales forces des Turcs sont hors de l'Europe, ne peuvent exercer une influence sensible à cet égard.

C'est en Asie que se trouvent les plus grandes ressources des Turcs et c'est de là qu'ils tirent leurs principales forces militaires, bien que les troupes asiatiques, l'infanterie surtout, composent leur plus mauvaise milice. Constantinople est au reste le point central, le vaste camp où les Turcs rassemblent leurs forces et établissent leurs grands dépôts de guerre.

Jusqu'en 1821, la force d'une armée turque était évaluée à 175,000 hommes sur le pied de paix, et à 370,000 hommes sur le pied de guerre. Les Janissaires, les Spahis et les troupes auxiliaires en formaient dès long-tems la principale partie. Les Arnautes, ou Albanais mahométans, étaient comptés parmi leurs meilleures troupes. On en portait précédemment le nombre à 30,000 hommes, dans une armée turque. Mais ces forces, de même que les troupes égyptiennes, sont maintenant employées en grande partie contre les Grecs.

Les Spahis se composent de corps réguliers; leur force est d'environ 23,000 hommes. La destruction des Janissaires ne paraît point en avoir diminué le nombre. Il en est de même du corps de l'artillerie (10,000 hommes) sur lequel on peut compter le plus, et qui a rendu d'importans services au Grand-Seigneur, contre les Janissaires.

L'organisation de la cavalerie auxiliaire (Saims, Timars etc.) est également encore la même. D'après les contingens partiels de chaque province, sa force était de 145,000 hommes, aux époques les plus florissantes de l'empire. Maintenant on l'évalue à environ 100,000 non compris le contingent de la Bosnie qui s'élève à 44,000 hommes.

Sur ces 100,000 hommes, la Roumélie où toute la Turquie d'Europe, abstraction faite de la Servie, de la Bosnie, de la Moldavie et de la Valachie, fournit 30,000 et l'Asie 70,000 hommes. Sans doute il faut déduire de ce premier nombre les contingens, à la vérité peu considérables, destinés pour le continent grec et pour quelques îles de l'archipel.

Les troupes particulières des Pachas, en tout environ 50,000, formaient les forces secondaires d'une armée turque.

Les Janissaires composaient autrefois le noyau de l'infanterie; leur effectif était sur le pied de paix de 40,000 hommes et en tems de guerre de 80,000. L'infanterie organisée à Constantinople à la manière européenne, en remplacement des Janissaires, ne présente sans doute au plus qu'une force de 30,000 hommes. Mais si l'on considère d'une part, l'esprit séditieux des janissaires et de l'autre, que ce corps avait depuis long-tems beaucoup perdu des qualités qui après la première organisation l'avaient rendu si redoutable, on se persuadera difficilement que la dissolution de cette milice ait réellement affaibli la force militaire de la Turquie.

On doit même plutôt admettre qu'avec l'assistance des Pachas dans les provinces, le gouvernement parviendra à organiser un corps d'infanterie d'égale force, qui lors même qu'il ne serait point complètement sur le pied Européen, vaudrait du moins les Janissaires.

En cela il faut moins s'attacher à la forme, que considérer jusqu'à quel point le Grand-Seigneur et ses Pachas pourraient réussir à utiliser les élémens qui existent encore dans les provinces, pour mettre sur pied les forces en état de soutenir une guerre nationale. Alors les Turcs pourraient facilement mettre en campagne, comme dans les précédentes guerres, 150 à 200,000 hommes, sans présenter néanmoins toutes leurs forces, dont une partie serait employée, en toute hypothèse, à garnir les places fortes de nombreuses garnisons.

Après ces observations préliminaires sur les forces numériques des Turcs, il faut aussi prendre en considération le théâtre de la guerre, où l'on devra les combattre.

Théâtre de la Guerre

AUTRICHIEN.

Le théâtre de la guerre autrichien comprend la Valachie, la Dalmatie et la Croatie turques ; plus loin la Bosnie, la Servie, la Bulgarie et enfin les provinces au sud de l'Hœmus qui touchent à la Dalmatie turque.

Les frontières du côté de l'Autriche sont au nord, la Save et la Transylvanie, à l'oeust, en partie les fleuves Unna et Glina dans la Bosnie, au sud-ouest la Dalmatie et la Croatie autrichiennes. Le théâtre de la guerre, par sa situation et sa nature, a dû présenter incontestablement des difficultés sérieuses à l'ennemi qui a voulu y pénétrer.

Il est à remarquer à l'égard de la situation générale, que l'Autriche s'est toujours vue dans la nécessité de rassembler plusieurs armées sur différens points.

Dans la guerre de 1788 à 1792 cette puissance avait trois armées, savoir : une dans la Valachie, une sur la Save et le Danube, et une dans la Bosnie.

Le corps d'armée de la Valachie fut chargé de coopérer avec le corps russe qui s'y trouvait stationné. L'armée principale sur la Save et le Danube s'occupa de la conquête des places fortes qui garnissent cette frontière, notamment de Belgrade comme étant le principal but d'opération des Autrichiens. Le corps d'armée de la Bosnie couvrit le flanc droit de l'armée principale. Cette considération, vû l'utilité de la prise de Belgrade et la sûreté avec laquelle on peut de là marcher en avant, rend très-importante l'occupation de la Bosnie.

Mais la conquête de cette province oppose bien des obstacles. Le pays est entièrement montagneux et hérissé de places fortes : il est en quelque sorte créé pour la guerre défensive. Les principaux points fortifiés, sans compter le grand nombre de forteresses, châteaux et villes retranchées, sont : *Novi*, au confluent de la Sanna et de l'Unna ; *Doubitza*, sur l'Unna. Ces deux places sont petites, mais très-fortes et elles ont soutenu de longs siéges. Plus loin : *Kliouch*, sur la haute Sanna ; *Prousatz* et *Banialouka*, sur la Verbas. Cette dernière place contient deux châteaux forts, 2700 maisons, 15,000 habitans et des poudreries qui fournissent la meilleure poudre du pays. *Trawnik*, sur la Laschwa, qui renferme 2000 maisons *Bosna-Seraï* ou *Sérajévo* à l'embouchure de la Migliaska dans la Bosna. Cette place est en même tems la capitale de la Bosnie ; elle contient, outre une forte garnison turque, 55,000 habitans qui sont répartis dans 15,000 petites et misérables maisons ; cette place a un château fort très-vaste et une manufacture d'armes.

Les habitans de la Bosnie vivent sous le régime de leurs franchises et droits particuliers. Ils se trouvent parfaitement bien sous la domination des Turcs qui les traitent avec beaucoup de modération. Aussi n'ont-ils aucun sujet de chercher à s'y soustraire; ils sont au contraire beaucoup plus disposés à envisager l'invasion d'une armée étrangère comme une agression préjudiciable pour eux, et à s'y opposer de toutes leurs forces. Comme d'ailleurs les Bosniaques sont de bons soldats, et surtout d'excellents tireurs, on voit que tous les élémens d'une guerre défensive énergique et populaire, se trouvent réunis dans cette province.

Sur les 44,000 hommes qui composent le contingent de la Bosnie, en troupes auxiliaires, les Turcs en emploient presque la moitié, à former les garnisons des places et à la défense du pays; le surplus qui consiste principalement en cavalerie, peut renforcer l'armée en campagne.

Ces circonstances relatives à la Bosnie durent aussi porter constamment préjudice aux efforts que les Serviens, qui chérissent la liberté, firent pour se soustraire au joug des Turcs. Environnés de toute part de provinces turques, ils ont encore à dos les forces de la Bosnie. Aussi les élémens favorables aux Autrichiens que contient la Servie, restèrent sans effet, parce qu'ils n'étaient jamais les maîtres de la Bosnie, et qu'ils n'étaient point assez rassurés sur leurs derrières.

Il est indispensable que les progrès d'une armée

autrichienne, en Turquie, soient consolidés par la possession de la Bosnie.

La Servie, à l'exception de la partie méridionale, vers la principale chaine, n'est point aussi généralement élevée et aussi hérissée de montagnes que la Bosnie. Les croupes s'abaissent et se terminent en côteaux peu élevés et plantés de vignes. De nombreuses vallées, en partie assez larges, coupent le pays; celle qui a le plus de longueur est formée par la Morava, rivière navigable, que l'on peut considérer comme une des plus importantes de la Turquie d'Europe.

Au total, le nombre des forteresses est moindre en Servie qu'en Bosnie. Les plus importantes sont situées sur le Danube, sur la grande route de Constantinople et sur les routes qui conduisent de Bosna-Seraï à Nissa et Vrana.

La nature même du théâtre de la guerre n'oppose pas moins d'obstacles à la marche d'une armée ennemie. Les eaux nombreuses qui découlent des hautes montagnes et se jettent dans le Danube, forment autant de vallées transversales; les Turcs, en les utilisant convenablement, peuvent y trouver des positions défensives, très-avantageuses. L'état de dégradation complète où se trouvent les chemins, oblige à suivre, presque toujours, les grandes routes et à attaquer les positions de front. Les Turcs au contraire, étant maîtres des principales hauteurs, et de la source des eaux, peuvent mettre à profit les embranchemens des vallées pour compromettre la droite des positions de l'armée assaillante. Ils peuvent aussi inquiéter l'ennemi, particulièrement à l'aide des points nombreux fortifiés régulièrement par la population des environs.

Ces positions interceptent à la fois les routes principales et les chemins de traverse et sont au moins de dangereux repaires d'où les Turcs peuvent s'élancer pour détruire les communications, enlever des convois, et surprendre des corps isolés. Aussi d'après cet état des choses et les dispositions hostiles des habitans, auxquels il faut arracher de force les moyens de subsistance, une condition essentielle pour faire la guerre sur ce point consiste à organiser avec beaucoup de soin et de précaution le service des magasins et des transports et à maintenir par conséquent la sûreté des communications. L'ennemi ne doit s'avancer qu'avec les plus grandes précautions; il est contraint à diviser ses forces et à entreprendre une véritable guerre de siége, pour asseoir solidement ses opérations ultérieures, sans cela il resterait exposé sans défense à tous les évènemens.

Nous avons fait remarquer précédemment, que les opérations se trouvent réduites à l'occupation des grandes routes ; sous ce point de vue encore de graves embarras se font sentir.

Dans la direction de l'ouest à l'est, au nord de l'Hœmus, les Autrichiens rencontrent non seulement deux de ces routes, mais encore celles-ci sont divergentes, ce qui constitue déjà un rapport stratégique défavorable.

L'une de ces routes longe le Danube, forme un

défilé dans presque toute son étendue et est gardée par un grand nombre de places fortes.

On distingue parmi elles : *Belgrade, Semendria*, la nouvelle *Orsova*, le fort *Elisabeth*, *Nikopol*, *Roustschouk*, *Ghiurgevo* et *Silistri*. Dans les intervalles de ces places se trouvent plusieurs postes de guerre tenables, mais de moindre importance. Cependant, à dire vrai, les trois dernières places appartiennent au théâtre de la guerre russe.

La grande importance de Belgrade, sur la rive droite de la Save et du Danube, est trop connue pour qu'il soit nécessaire d'en faire ici une ample description. Cette ville, qui est la capitale de la Servie, contient 3000 maisons, 24,000 habitans et une garnison turque de 6000 hommes.

Belgrade est à 121 lieues de Vienne, à 76 d'Ofen, à $22\frac{1}{2}$ de Temesvar et à 185 de Constantinople.

Dès long-tems la possession de Belgrade fut l'objet principal de la guerre dans ces contrées. Les Turcs en firent la conquête pour la première fois, en 1522 et en restèrent les maîtres, sans interruption, jusqu'en 1689. Les impériaux, sous la conduite de l'Électeur de Bavière, s'en emparèrent alors, après un siége de quatre semaines. Mais déjà l'année suivante (1690) cette place tomba de nouveau au pouvoir des Turcs, qui ne l'assiégèrent que pendant huit jours. L'explosion d'un magasin à poudre en hâta la reddition. Dans l'année 1693 le général autrichien *de la Croix* en fit le siége pendant huit jours consécutifs, mais les Turcs la délivrèrent. Le prince *Eugène* prit cette place en 1717 après un siège de deux mois, par suite de la bataille de Belgrade. Les Autrichiens la conservèrent à la paix de Passarovitz (1718) mais ils furent contraints de la rendre à la paix de Belgrade (1739) après que les Turcs eurent déjà ouvert la tranchée. En 1789, sous l'empereur *Joseph II*, les Autrichiens, sous la conduite de *Laudon,* s'en emparèrent pour la dernière fois. Ce fut le dernier exploit de ce grand capitaine. A la paix de 1792 Belgrade fut de nouveau abandonné aux Turcs. En 1813 cette place soutint un siège contre les Serviens; Czerni George qui les commandait s'en empara, fit brûler les faubourgs et raser les fortifications. Lors de la paix qui fut conclue en 1815 entre les Serviens et les Turcs, ces derniers obtinrent la restitution de cette place, avec le droit d'y tenir garnison; ils rétablirent les fortifications qui furent encore améliorées et augmentées depuis 1821.

Belgrade passe pour une des plus fortes places de l'Europe et le but le plus immédiat des opérations de cette puissance contre les Turcs. De même que les autres places fortes qui bordent le Danube, Belgrade domine la navigation sur ce fleuve. Celle-ci n'est point en elle-même aussi dangereuse qu'on l'avait supposé. Les bateliers savent éviter les étranglemens de ce fleuve à Tachtali et Demirkapi, mais ce fleuve majestueux ne porte que des bateaux autrichiens et le commerce qui se fait par cette voie serait plus considérable, si la navigation même n'était point entravée par l'indolence du gouvernement turc.

Sous les rapports militaires, la possession du Danube rend les Turcs non seulement maîtres des contrées situées sur la rive droite, mais elle les met encore à même d'entreprendre, dans la Valachie, des opérations offensives contre la Transylvanie. La campagne de 1717 et les guerres de 1737 à 1739 et de 1788 à 1792, fournissent la preuve que les Turcs surent utiliser ces circonstances locales.

Dans la première de ces guerres les Autrichiens s'étaient avancés déjà jusqu'à Nissa et avaient pris possession de cette forteresse. Mais les Turcs portèrent alors leurs principales forces sur le Danube. Ce mouvement obligea les Autrichiens à abandonner Nissa pour marcher contre les Turcs sur ce fleuve, Par suite des combats qui eurent lieu sur les bords du Timok et près de Grotzka, passage important entre Belgrade et Semendria où même le Feldmarchall autrichien comte *Wallis* fut battu en 1739, ils se virent dans la nécessité de repasser le Danube et de laisser les Turcs mettre le siége devant Belgrade.

Les Turcs firent une semblable diversion dans les campagnes 1717 et 1788 et même à partir d'Orsova.

Cette place forte est située dans une île du Danube, en face du vieux Orsova, fort appartenant à l'Autriche, et bâti sur des rochers qui rétrécissent le lit du fleuve ; cet endroit est connu sous la dénomination de la Porte fer Demirkapi, antérieurement Porta Trajani. Cette place avait appartenu aux Autrichiens qui la fortifièrent régulièrement. Les ouvrages sont revêtus en maçonnerie et ont des casemattes. Il faut y comprendre le fort Elisabeth qui est taillé dans le roc sur la rive rocailleuse du bras droit du Danube. Ce fort avait été construit antérieurement par les Autrichiens. Ces deux forteresses furent assiégées deux fois par les Turcs dans l'année 1738; la première fois ils furent repoussés à la suite d'un combat près de Kornia, mais la seconde fois ils s'en emparèrent.

Dans la dernière guerre entre ces deux puissances ces places soutinrent un siége qui fut ensuite transformé en blocus, depuis le mois de Septembre 1789 jusqu'au 16 Avril 1790; le manque de vivres seul les fit tomber entre les mains des Autrichiens. On honora cette belle défense en accordant aux Turcs la liberté de se retirer avec trois canons.

D'Orsova, on ne peut pénétrer dans la Transylvanie que par deux routes qui forment un continuel défilé; l'une aboutit à Karlsburg et l'autre conduit vers le Banat.

Les Turcs choisirent ces chemins dans la campagne de 1717 pour opérer une diversion, afin de forcer le prince Eugène à lever le siége de Belgrade. Mais Eugène se contenta de faire observer les Turcs par un corps détaché sous les ordres du général *Viard* et continua tranquillement le siége de Belgrade.

En revanche la diversion que fit Jussuf Pacha dans la campagne de 1788 eut un meilleur résultat. Elle attira toutes les forces des Autrichiens vers le Banat et les réduisit ainsi à la défensive.

Le successeur de Jussuf, le grand-visir Kutchuk-Hassan Pacha, fit plus : il transporta le théâtre de la guerre dans la Valachie, en y développant ses principales forces. Mais les conséquences de ce plan d'attaque, dont la conception était très-bonne en elle-même, furent ruinées par les victoires de Foktchany et Martinjestje, qui firent perdre aux Turcs Belgrade et les autres places Danubiennes jusqu'à Widdin.

On voit donc que la ligne du Danube est pour les deux partis d'une égale importance offensive. Sa possession décide la sûreté de la marche sur la route de Belgrade à Constantinople, par Sophia. Cette route est aussi la principale ligne d'opération des Autrichiens sur la capitale de l'empire turc. Les lignes partant de la Valachie sont à la vérité plus courtes ; mais la situation des provinces autrichiennes ne permet point de les utiliser, attendu que les Carpathes rendent pénibles, les communications avec l'intérieur, la marche des troupes et le transport des approvisionnements de l'armée. Les lignes d'opération les plus naturelles de l'Autriche contre la Turquie suivent le cours du Danube. Les forteresses de la Hongrie, notamment Ofen et Temesvar dans le Banat, de même que Petervardïn sont alors les places de dépôt les plus rapprochées. Ces lignes tombent ensuite nécessairement sur Belgrade. C'est vers cette place que doivent se diriger les principales forces de l'Autriche ; une fois arrivé là, on doit tenir la route qui de cette place conduit vers Sophia, à travers les embarras mentionnés précédemment, et quelques soient d'ailleurs la longueur de cette ligne d'opération et les difficultés qui peuvent s'y rattacher.

Plusieurs places fortes et forteresses barrent cette route, dans le but de retarder pendant quelque tems et de rendre plus pénible la marche de l'ennemi qui s'avancerait par ce côté. Il faut comprendre dans ce nombre: le fort de *Kotindschina*; plus loin *Morava*, *Nissa*, *Ak* et *Moustapha-Pacha Palanka*, *Szarkoi*, *Zaribrod* et *Sophia*.

Néanmoins les plus importantes de ces places sont Nissa et Sophia. Cette dernière est à 78 lieues de Belgrade.

Nissa occupe les deux rives de la Nissava qu'on traverse sur un pont en pierre d'une longueur de 600 pieds. Cette place est cependant petite, mais forte, et sa position stratégique est importante. On ne peut pas la tourner et elle se trouve au point de jonction des routes de Widdin et d'Orsova; elle couvre aussi plus loin la route qui vient de la Servie par Bosna-Seraï, sur laquelle se trouvent les places fortes de *Vichegrad*, *Ouzitza*, *Karanovatz*, *Kruchovatz* et *Deligrad*; et enfin la route qui du sud passe par Uskub, sur l'Hœmus et par *Vrana*.

Vrana est en communication avec Bosna-Seraï au moyen d'une route qui traverse *Novi-Bazar* et *Pristina*. Cette dernière forteresse est la plus méridionale de la Servie; à sa proximité se trouvent les

les champs de Kossovo, connus par les deux batailles qu'on y a livrées en 1444 et 1445. En 1689 un corps autrichien sous les ordres du général *Picolomini*, était parvenu jusque là, en même tems que *Louis de Baden*, en se dirigeant sur Nissa; il s'y maintint contre un corps turc qui s'avança par Uskub sur *Prisrendi*, au pied méridional de l'Hœmus.

La communication entre Vrana et Nissa suit le bassin de la Morava orientale et est protégée par les châteaux forts *Coloumbatz* et *Kervingrad*.

Nissa fut de tout tems le point de rassemblement des forces turques, dans une guerre contre l'Autriche. Les environs présentent d'ailleurs des positions avantageuses et une assiette convenable pour un camp retranché. Une armée battue y trouve un refuge assuré, et si elle est sur la défensive, les moyens de se maintenir plus long-tems dans cette contrée.

La campagne de 1689 en est une preuve. Les Turcs battus sur la Morava par le margrave *Louis de Baden*, se replient vers Nissa; ils reprennent l'offensive, mais sont battus une seconde fois; il se rallient de nouveau dans un camp retranché près de cette forteresse, tirent à eux des renforts et acceptent une troisième bataille, dans laquelle ils sont enfin complètement défaits.

L'année suivante les Autrichiens négligèrent les moyens de s'assurer de Nissa; ils la perdirent et les victoires d'*Eugène* ne suffirent même pas pour ressaisir cette place qui est restée *le non plus ultra* des armes d'Autriche.

Les places qui se trouvent entre Nissa et Sophia sont, à la vérité, peu remarquables; mais il dépend absolument de l'esprit dans lequel la guerre est conduite de la part des Turcs, de donner à ces places plus ou moins d'importance. Leur position sur une route dont on ne peut point s'écarter et qui gravit de hautes montagnes, fait sentir non-seulement la possibilité, mais encore l'utilité qu'il y a pour les Turcs de la défendre.

Sophia est une ville considérable, de 8000 maisons et de 50,000 habitans; elle est entourée par des remparts, des murs et des tours. On peut, en raison de sa situation au pied septentrional du Balkan, la comparer avec *Choumla;* bien qu'elle soit plus éloignée de Constantinople, c'est-à-dire à 107 lieues.

Les routes méridionales de *Salonique* et *Serès*, se réunissent à Sophia, de même que celles du Danube. Sur la première on n'est arrêté par aucune place réellement forte ; celles de ces places qui se trouvent dans l'intérieur de la Bulgarie ne sont en général que des postes qu'une garnison déterminée peut seule rendre tenables.

La contrée de Sophia offre indubitablement, même à une armée turque, les moyens de s'y arrêter. Cela est même encore praticable lorsque les Turcs ne sont plus maîtres du Danube ni des routes qui de ce fleuve conduisent vers le Balkan, et qui se dirigent soit sur Sophia, ou à l'est de cette ville, sur le Balkan. A la vérité la communication directe avec Constantinople par Philippopolis et Andrinople serait dans ce cas dangereuse ; mais en revanche on pourrait toujours disposer encore de la route plus méridionale, qui passe par Doubnitza et Serès ; celle-ci est même préférable à l'autre, attendu qu'elle ne mène point l'ennemi droit à Constantinople par la ligne la plus courte, et qu'elle l'oblige à se diviser en avançant.

L'une et l'autre route tombent au reste perpendiculairement sur la Maritza, qui est navigable ; cette rivière est la principale de la Thrace et forme vers l'ouest la dernière ligne de défense avant Constantinople.

Lorsque l'ennemi a dépassé Philippopolis, ville ouverte mais populeuse (80,000 habitans) il tombe sur *Andrinople*, la seconde ville de l'empire qui n'est qu'à 45 lieues de Constantinople. Cette ville est enceinte de murs qui sont encore de construction romaine, et elle est dominée par une citadelle. Celle-ci consiste simplement en un carré avec 4 oreillons et 12 tours ; elle renferme un arsenal.

On doit s'attendre à voir les Turcs défendre Andrinople avec énergie, n'importe le côté par lequel l'ennemi aura pénétré jusque-là. Comme elle couvre le passage de la Maritza en suivant la grande route, qu'elle contient 20,000 maisons, 99,000 et même selon quelques-uns 130,000 habitans, la prise de cette ville est absolument nécessaire pour pouvoir pousser plus loin.

Dans le cas où l'armée turque choisirait, pour opérer sa retraite, la ligne passant par Doubnitza et Serès, elle pourrait, encore compenser ce détour et s'opposer à l'ennemi près d'Andrinople, en supposant même que cette place ne tint que quelques jours.

Ces considérations générales font voir, qu'une guerre entre la Turquie et l'Autriche oblige cette dernière puissance, lors même qu'elle ne s'engagerait point inutilement, comme de 1788 à 1792 dans une guerre de frontières, à mettre cependant sur pied trois armées ; l'une en Valachie, la seconde sur la Save et le Danube et la troisième du côté de la Bosnie.

Mais chacune de ces armées exige une organisation spéciale et une force offensive proportionnée à sa destination.

L'armée du centre devra d'ailleurs toujours être l'armée principale. Mais si, conformément à la stratégie moderne, cette armée devait prendre rapidement l'offensive, ne point consacrer dès son point de départ au moins une campagne entière, à la conquête des places sur la Save et principalement de Belgrade, il faudrait encore qu'elle fût appuyée par une armée de siége.

Au reste les changemens survenus dans la délimitation des frontières de l'Autriche du côté de la Bosnie ont amélioré la position stratégique de cette puissance à l'égard de ses opérations contre cette province, et même sous le rapport des opérations générales. En débouchant par l'Istrie et la Dalmatie, l'Autriche peut attaquer immédiatement, non seulement la Bosnie, mais encore les provinces turques situées au sud de l'Hœmus et mettre ces dernières en insurrection. Les moyens abondent pour produire cet effet. Les Monténégrins, peuple valeureux et indépendant, et tout ce qu'il y a de Chrétiens parmi les Albanais de cette contrée, sont animés d'une haine implacable contre les Turcs.

Après la conquête de la Bosnie une partie du corps qui en serait chargé peut être employé à cette entreprise. Le but le plus rapproché et le plus important serait ici *Scutari* sur la Boïana. Cette place a des fortifications régulières, deux châteaux forts, 4000 maisons et 16,000 habitans. Scutari a pour cette partie du théâtre de la guerre, la même importance que Belgrade pour celle du nord.

De Scutari les routes se divisent dans toutes les directions. Les plus importantes sont celles de Constantinople (197 lieues) et de Salonique (89 lieues). Cette dernière est à bien dire la route la plus méridionale pour aller à Constantinople; l'autre franchit le Parnasse, passe par Uskub et conduit de là, soit à Philipopolis soit vers le sud à Serès, où elle rejoint la route de Salonique.

Un corps qui opérerait sur Uskub et Philippopolis, pourrait donner la main à l'armée principale qui s'avancerait de ce côté par Sophia. On ne peut cependant pas trop se fier, dans ces contrées, à de semblables coopérations. Premièrement un tel corps accessoire pourrait être assez occupé par lui-même; secondement l'Hœmus qui a précisément dans cette partie la plus grande élévation ne fournit qu'un petit nombre de passages ; enfin la route de Scutari à Philippopolis par Uskub, est par elle-même très-pénible et n'est peut-être pas même praticable pour toutes les armes.

Tout bien considéré, ce qu'on a exposé ici sur le théâtre de la guerre autrichien conduit à ce résultat, qu'en raison de l'étendue des lignes d'opération et aussi à cause des circonstances topographiques et de la nature du théâtre de la guerre, l'Autriche en partant de la Save et de la Dalmatie, devra toujours employer deux ou trois campagnes pour faire la conquête de la Turquie, même dans l'hypothèse la plus favorable.

Le grand nombre de places fortes gêne d'autant plus les mouvemens en avant, qu'elles sont situées sur les seules routes qui soient encore praticables et que les Turcs apportent ordinairement une grande opiniâtreté dans la défense de leurs places. C'est précisément là ce qui constitue leur force. Ils se nichent dans la première bicoque venue, et arrêtent ainsi des corps entiers, ce qui dans de semblables localités exerce une grande influence.

Le système consistant à négliger les places fortes qu'on resserre et qu'on assiége ensuite quand l'armée ennemie les a dépassées, ne peut recevoir ici d'application, du moins pendant quelque durée. En mettant même sur pied les troupes nécessaires à cet effet, elles ne feraient qu'aggraver la difficulté des approvisionnemens et des transports.

Enfin il est encore une circonstance qui mérite attention ; on la néglige communément lorsqu'on envisage la conquête de l'Empire Turc comme étant d'une exécution facile, à cause des troubles intérieurs et de la faiblesse du gouvernement. C'est qu'en supposant même celui-ci tout à fait incapable de grandes entreprises, qui exigent de l'unité et de la force, les provinces ne restent pas moins en état de pourvoir à leur défense isolément, parceque les Pachas y sont à peu près souverains. Ils sont portés par cela même à user de tous les moyens à leur disposition, pour se maintenir dans cette position et pour défendre à outrance, avec l'aide des habitans, leur vie et leurs propriétés.

D'après cela une démarche offensive hasardée contre Constantinople du côté de l'ouest présenterait du danger. Lors même qu'elle réussirait effectivement, il faudrait encore s'attendre à une résistance longue et opiniâtre de la part de cette capitale. L'armée assiégeante éprouverait alors, pour sa subsistance, des embarras que les arrivages par mer pourraient seuls faire disparaître. Il faudrait en outre pouvoir disposer d'un nombre de troupes suffisant pour maintenir les communications sur les derrières de l'armée et continuer la guerre dans les provinces.

Ainsi la prise de Constantinople n'entrainerait même aucunement l'entière soumission de tout le pays.

Plus les liens politiques et administratifs entre le

siége du gouvernement et les provinces sont relâchés, moins la conquête de celui-ci peut avoir d'influence sur la masse du pays en général.

Lorsque les Turcs, sous la conduite de Mahomet II, se furent emparés de Constantinople, ils eurent encore de longues guerres à soutenir, principalement vers les provinces au sud de l'Hœmus, pour y étendre leur domination; sans compter que l'empire grec se trouvait peut-être alors dans un état de décadence plus prononcé que ne l'est, de nos jours, l'empire ottoman. Mais les circonstances, sous le rapport des relations entre le gouvernement grec et les provinces, étaient alors les mêmes qu'aujourd'hui chez les Turcs; il serait donc bien possible qu'on éprouvât çà et là une résistance semblable à celle qu'opposa Scanderbeg, par exemple. La perte de Constantinople ne pourrait exercer sur cet état des choses un effet restrictif, qu'autant qu'on y aurait accumulé tous les approvisionnemens de guerre, les armes et les arsenaux pour tout le pays. Les provinces seraient alors très-promptement dépourvues des ressources nécessaires pour la guerre, ce qui n'a point eu lieu dans le quinzième siècle, époque à laquelle on employait encore de préférence, les armes blanches et la cavalerie.

Cette circonstance particulière ne peut néanmoins modifier l'opinion, qu'une guerre qui a pour but une solide conquête de la Turquie d'Europe, du côté de l'ouest, a besoin d'être conduite avec infiniment de méthode.

L'idée d'une campagne à la manière de Napoléon doit être écartée complétement, pour ce théâtre de la guerre ; en général elle ne peut même recevoir d'application que dans des pays civilisés. Un tel plan de campagne n'est à vrai dire autre chose, sous bien des rapports, qu'une surprise politico-morale, mais qui ne sied point à chaque ennemi et à chaque pays. Napoléon en fit l'expérience en Russie, à son grand préjudice.

Ce serait déjà un fort brillant résultat, que les victoires d'Eugène lui-même ne lui permirent point d'atteindre, que de réaliser dans *une seule* campagne, la conquête des places fortes sur la Save et le Danube, puis de la Bosnie et de Scutari, enfin l'occupation de Nissa et au plus de Sophia, après avoir gagné une grande bataille. Mais de cette manière les opérations les plus sérieuses pour l'offensive contre Constantinople seraient reservées pour une seconde et une troisième campagne, ainsi que la neutralisation des résistances qu'on éprouverait encore, même après la conquête de cette capitale.

Théâtre de la Guerre
RUSSE.

La Porte en signant le traité de paix sur les bords du Pruth, manifesta sa faiblesse et laissa entrevoir les concessions qu'elle aurait à faire ultérieurement à la Russie. Cet empire devint son plus redoutable ennemi depuis qu'Eugène de Savoie eut fait sentir aux Turcs, avec succès et pour la dernière fois, la prépondérance, de la valeur allemande et de l'art militaire des Européens.

Pierre le Grand prit déjà aux Turcs Asov. A la paix de 1739, ils subirent des conditions peu onéreuses. Mais par contre la paix de Kainadschi en 1774 leur coûta tout le pays entre le Dniester et le Bug. La Russie obtint en outre la libre navigation sur la mer noire et une influence sur la nomination aux emplois d'Hospodars dans la Moldavie et la Valachie. La Crimée, Kuban et l'île Taman que la Porte fut obligée de reconnaître comme des états indépendans, par suite du même traité de paix, passèrent en 1783 sous la domination des Russes.

La paix de Jassy (1792) leur en assura complétement la possession et força de plus la Porte à abandonner tout le pays compris entre le Dniester et le Dniéper. Elle n'évita de plus grandes pertes encore et peut-être même l'expulsion totale des Turcs de l'Europe, que grâces à l'intervention de l'Angleterre, de la France, de la Prusse et de la Suède.

A la paix de Boukharest (1812) la Porte perdit la Bessarabie et la partie orientale de la Moldavie jusqu'à la rive droite du Pruth. Ce fleuve et le bras méridional du Danube jusqu'à son embouchure dans la mer noire, forment depuis lors, de ce côté, les limites des deux états.

Cette paix fournit la preuve incontestable des désordres intérieurs et de la décadence progressive de l'empire turc. Car il ne pouvait jamais espérer des circonstances plus favorables, pour ressaisir tout ce qu'il avait perdu, qu'à cette époque, où la Russie avait à soutenir la guerre la plus formidable. Il faut que la Porte ait eu alors la crainte d'être englourie par Napoléon, s'il restait vainqueur.

Quoiqu'il en soit, il résulte de cette conduite des Turcs, qu'ils ont cessé de former une puissance active parmi celles de l'Europe. Leur influence politique a pris un caractère entièrement négatif; en ce sens, que leur expulsion de l'Europe nécessiterait la solution épineuse du problème concernant le partage de leur pays et l'établissement d'un nouvel ordre de choses dans ces contrées.

D'un autre côté on ne peut méconnaître que les provinces perdues par la Porte dans ses guerres avec la Russie, n'appartiennent plutôt, d'après leur position géographique, au système de cet empire qu'à celui de l'empire Ottoman; et aussi que la disposition naturelle de ces provinces ne rende leur attaque et leur conquête par les Russes, plus faciles que leur défense par les Turcs. C'est déjà pour ce motif que les victoires des armes russes eurent des suites plus avantageuses que les succès des armes autrichiennes. Il faut encore considérer à cet égard, que l'esprit national et les opinions religieuses des Russes les rendent les ennemis nés des Turcs ; que leur nombreuse cavalerie irrégulière contrebalance celle des Turcs ; qu'en général les Russes se sont familiarisés avec la manière de combattre des Turcs et que particulièrement l'infanterie russe est aguerrie aux attaques brusques et furibondes des Spahis et des Janissaires. La hardiesse et la fermeté d'un Münnich, d'un Potemkin et d'un Roumànzow, la terrible résolution d'un Souwarow ont fait du nom russe un objet de terreur pour les Turcs qui dans eux ont trouvé leurs maîtres à tous égards. A la vigoureuse constitution des Turcs, les Russes ont opposé une égale force morale jointe à une supériorité en intelligence, en tactique et en discipline.

Par la perte du Bug, du Dniester et des forteresses qui bordent ces fleuves et la mer noire, les Turcs ont été privés de leur meilleure ligne de défense. Les Russes, au contraire, ont acquis par là une base au moyen de laquelle leur ligne d'opération, en tournant la Valachie, aboutit seulement encore au Bas-Danube et à l'Hœmus ; mais depuis là n'a plus d'obstacles naturels à surmonter.

Le théâtre de la guerre russe comprend actuellement la Valachie et la Moldavie, plus loin la Bulgarie et la contrée au sud de l'Hœmus ; il est borné à l'ouest par la route de Philippopolis à Constantinople. A l'Est, ce théâtre de la guerre a pour limites les côtes occidentales de la mer noire.

Son étendue en longueur et en largeur est moindre que celle du théâtre Autrichien. Sa plus grande profondeur comprend d'Ismaïl à Constantinople 130 lieues; de Silistri jusqu'à l'Hœmus près de Choumla, 20, et jusqu'à Constantinople seulement 102 lieues.

L'ensemble du théâtre de la guerre forme un triangle dont Constantinople est le sommet et dont la base composée de la ligne du Danube, de Nikopol et du rempart de Trajan a une étendue de 60 lieues. On a fait abstraction ici de la contrée nommée Dobroudje, dont la profondeur est d'environ 20 lieues et qui se trouve comprise entre la mer noire et le Danube inférieur, après l'inflexion que ce fleuve fait vers le Nord près de Rassova. Ce territoire est borné au sud par le rempart de Trajan, qui s'étend de Rassova jusqu'à Kostendje sur la mer noire. Les rapports stratégiques sont donc à tous égards plus favorables que ceux du théâtre de la guerre autrichien. Les lignes d'opération sont plus courtes et convergent vers Constantinople, but principal des opérations.

Les Turcs sont de plus hors d'état de transporter la guerre dans la Valachie et la Moldavie, comme ils le peuvent à l'égard de l'Autriche; attendu que les Russes sont libres de franchir le bas Danube et de s'établir sur la rive droite de ce fleuve. Ce mouvement force évidemment les Turcs à évacuer la rive gauche et à se borner à la défense de la rive droite.

Les campagnes précédentes démontrent en effet, que le passage du Danube n'est point pour les Russes un obstacle absolu, et qu'ils peuvent l'effectuer sans que les Turcs aient le moyen de l'empêcher.

Dans l'année 1791 une armée russe passa le Danube près de Galacz; cette ville est située sur la rive gauche, entre les embouchures de la Séreth et du Pruth dans ce fleuve; quoique non-fortifiée, elle a néanmoins une importance militaire, comme port et comme fournissant un point de passage commode. En face, sur la rive droite du Danube, se trouve Matchin, petit poste fortifié, et ses deux châteaux forts. Les Turcs s'y établirent pour disputer le passage, mais ils furent battus.

Dans la campagne de 1809 les Russes passèrent encore le fleuve à Galacz; mais l'année suivante ils le franchirent 15 lieues plus haut, à Hirchova. Ce fleuve porte ici un pont de bateaux permanent. Hirchova, par lui-même, n'est point tenable; cette ville a cependant un vieux château dans lequel les Russes se retranchèrent, lorsqu'ils repassèrent le Danube sur ce point, et y élevèrent une tête de pont.

Depuis l'année 1812 les Russes possèdent même sur la rive gauche du bras du Danube, le plus septentrional, deux forteresses, Kilia et Ismaïl. Cette dernière est opposée aux forteresses turques Iassactchi et Toultcha qui se trouvent sur la rive droite du bras le plus méridional de ce fleuve.

Ces petites places n'ont qu'une faible influence sur les opérations, vû qu'elles ne peuvent point empêcher les Russes de passer le Danube entr'elles et Galacz, et de les bloquer ensuite. Dans l'année 1809 les Russes, après avoir effectué leur passage à Galacz s'emparèrent de ces places, ce qui entraîna aussi la chute d'Ismaïl, qui en 1789 avait coûté tant de sang. Toultcha peut être considéré, en quelque sorte, comme tête de pont d'Ismaïl ; sa possession est importante pour les Russes, sous ce rapport qu'elle les rendrait entièrement maîtres de toutes les embouchures du Danube et qu'ils auraient aussi par là un pied assuré sur la rive droite.

Cet exposé des circonstances locales et la facilité avec laquelle les Russes sont à même de réaliser le passage du Bas-Danube, font sentir également la diminution d'importance qui en résulte pour les places fortes situées plus haut. Le rôle de *Brahilov*, *Silistri*, *Toutourkai*, *Ghiurgevo*, *Roustchouk*, *Sistova*, *Tourna* et *Nikopol* se borne à fournir aux Turcs les moyens de faire des incursions sur la rive gauche du Danube.

Brahilov compte 28,000 habitans et a un château bien fortifié ; il est à remarquer qu'en 1809 les Russes donnèrent inutilement l'assaut à cette place, et qu'ils y perdirent 7000 hommes. Elle ne tomba entre leurs mains qu'à la suite d'un long blocus.

Roustchouk est la plus importante forteresse turque, sur le Danube. Cette place renferme 6000 maisons et 30,000 habitans. Quoique ses fortifications aient peu de régularité, l'assaut que lui donnèrent les Russes en 1810 resta cependant sans effet et leur fit éprouver une perte de 8000 hommes. Cette place ne se rendit également qu'après un long blocus.

Ghiurgevo, sur la rive gauche, compte 18,000 habitans et se défendit avec succès contre le prince de Kobourg en 1790. Mais en 1810 elle tomba en même tems que Roustchouk au pouvoir de l'ennemi.

La place de Silistri est moins forte que cette dernière, et les autres places dénommées ci dessus sont encore plus insignifiantes.

Si parmi ces places, celles de Roustchouk, Ghiurgevo et Silistri, ont joué un rôle si important pendant les dernières hostilités entre les Russes et les Turcs, il faut l'attribuer uniquement, à ce que les Russes n'étaient point assez forts pour pousser leur entreprise sur Choumla avec l'énergie et la persévérance convenables; et aussi à ce qu'ils ont négligé d'accroître leurs forces en même tems que les Turcs réussissaient à concentrer les leurs, au moyen de l'occupation de Roustchouk et Giurgevo.

Le maréchal russe *Kamenskoi* voyant qu'il ne pouvait se rendre maître de Choumla, sentit la nécessité de se replier vers le Danube, pour s'y opposer à l'accroissement des forces turques. Après avoir échoué dans l'assaut de Roustchouk, les Russes furent forcés de se retirer sur la rive gauche. Cela engagea le Grand-visir à franchir lui-même le Danube ; il exécuta cette entreprise avec plus d'audace et d'intelligence qu'il ne sut en retirer de profit; elle se termina par la destruction complète et la prise de l'armée turque.

Il résulte également de ce qui précède, que les Russes n'ont besoin d'entrer en campagne qu'avec deux armées d'une force suffisante. L'une pour la conquête des forteresses du Danube, l'autre pour l'opération offensive sur Constantinople.

Cette opération est encore favorisée par cette circonstance, qu'elle suit une direction parallèle aux côtes de la mer noire et peut s'exécuter par conséquent avec la coopération d'une flotte.

Mais nous n'entendons en aucune manière que cette coopération aurait pour but le débarquement d'un corps suffisamment nombreux, sur les derrières de l'armée turque. Le transport et le débarquement d'un corps de troupes considérable présente beaucoup de difficultés, et une opération de ce genre est constamment soumise aux caprices des élémens, ce qui rend toujours sa réussite très-problématique. Il serait donc, dans ce cas, plus convenable d'employer les troupes d'embarquement à renforcer celles de terre dont les opérations seront alors plus décisives.

Le concours de la flotte devra se borner principalement au transport des munitions de guerre de tous genres, et à assurer leur débarquement par l'occupation de quelques ports. Mais cet objet seul est déjà de la plus grande utilité, dans un pays, où la subsistance de l'armée et la sûreté des communications sont si difficiles à assurer.

Les côtes n'offrent toutefois que deux ports commodes, savoir Varna au nord et Bourgas au sud de l'Hœmus. Le premier surtout est d'une grande importance parce qu'il est le seul susceptible de recevoir des vaisseaux de haut bord.

Varna en lui même n'est point non plus indifférent. Cette ville compte 4000 maisons, 26,000 habitans et elle est fortifiée. Un ancien château fort domine la ville et protège le port.

La possession de cette place échappa aux Russes en 1809, parce qu'ils refusèrent à la garnison la libre sortie de la place et voulurent qu'elle restât prisonnière. Celle-ci se mit alors en mesure de continuer la défense, et les Russes ne furent point assez forts pour entreprendre une attaque sérieuse.

Lorsque la flotte doit être chargée de la subsistance et des transports de l'armée, la prise de Varna devient urgente. On dit que les Turcs ont augmenté récemment la force de cette place.

Le projet de coopération de la flotte dont il a été question, doit incontestablement influer sur le choix des lignes d'opération, afin qu'elles restent en communication avec la flotte.

Dans l'hypothèse que l'aile droite des Russes s'étende jusqu'à Nikopol, ils peuvent suivre les routes indiquées ci-après, pour pénétrer au-delà de l'Hœmus.

1. De Nikopol à Loftcha, au pied de l'Hœmus,

et de là par dessus l'Hœmus à Tatar Bazardjik sur la route de Sophia à Philippopolis.

2. De Sistova et de Roustchouk par Tirnawa et Gabrova et de là par l'Hœmus et Éskisaghra à Hermanli, sur la route de Philippopolis à Andrinople.

De Tirnava il se dirige un embranchement de route vers l'est sur Starka, au pied de l'Hœmus; en cet endroit un défilé, Demir Kapi, conduit à travers la montagne à Selimno (ou Islamdj) sur la rivière Islamdji; de là le chemin suit en descendant la vallée de cette rivière et va par Janboli à Andrinople.

3. De Roustchouk par Osma Bazar et Casan à Carnabat.

4. De Roustchouk par Rasgrad, Eski Djuma à Osma Bazar où l'on rejoint la route précédente, qui gravit deux contre-forts et à Casan la croupe principale de l'Hœmus.

A Eski Djuma la route se bifurque vers l'est, conduit à Eski-Stamboul, en passant devant Choumla gravit depuis là l'Hœmus, et aboutit de l'autre côté de la montagne à Carnabat.

Une autre branche de cette même route se détourne encore plus vers l'est et mène directement de Rasgrad à Choumla. Pour les Russes devant Choumla, Rasgrad avait de l'importance à cause de sa communication avec Roustchouk.

5. La route principale de Silistri à Choumla. Elle tombe au sud de l'Hœmus, près de Carnabat, dans la route N.° 4

6. De Brahilov par Matehin et d'Ismaïl par Toultcha et Baba-Dagh près du rempart de Trajan, où ces deux routes se confondent et mènent à Bazardjik.

Là elles se divisent; une branche se détourne vers l'ouest sur Couzlidjé d'où un chemin de communication mène à Choumla, à Pravady et de là monte sur l'Hœmus. Au sud de ce chemin, la route dont il s'agit conduit par Aïdos à Carapounhar, ville située au sud de Carnabat.

Une ramification du côté de l'est, va de Bazardjik à Varna, et de là le long de la côte à Bourgas, port de mer au sud de l'Hœmus. Bourgas est mis en communication avec Aïdos et Carapounhar, par une route commerciale. Il y a en outre de Baba Dagh à Bazardjik et à Varna, deux communications dont la plus orientale conduit par Mangali, le long de la côte. De Cara-Aghad, près du rempart de Trajan, une route va aussi directement à Varna.

Carnabat et Carapounhar sont par conséquent les points de couvergence des routes principales qui de Roustchouk, Silistri et Ismaïl aboutissent au côté méridional de l'Hœmus.

La route principale conduit alors plus loin par Oumour-Fakhi, Kirkilissia, Tchatal, Bourgas, Tchorlou et Silivri, à Constantinople.

Une branche de cette route se dirige vers l'est, de Kikkilissia, par Visa, Seraï et Indchigis, et de Bourgas par Midiah (port de mer), et le chemin de la côte, à Constantinople en passant près de Visa.

Toutes ces routes sont en relation entr'elles par un assez grand nombre de points communs, parce que le pays est moins élevé et moins montagneux que le théâtre de la guerre autrichien. Ainsi, sous ce point de vue encore, les chances sont plus favorables ici que là pour une invasion ennemie.

L'Hœmus lui-même, dont le pied commence à environ 20 lieues du Danube est, dans la partie traversée par les routes mentionnées précédemment, moins élevé et plus accessible que plus à l'ouest.

L'Hœmus ressemble aux montagnes moyennes de l'Allemagne ou de la France; il se compose ici de plusieurs chaînes séparées par des bassins de rivières dont les eaux s'écoulent principalement dans la mer noire.

Ces bassins forment des vallées intérieures parallèles à l'Hœmus; les plus remarquables, sont ceux du Buïuk et du Kutchuk Camtchi. Ces deux rivières ont leur source sur la croupe principale. La plus septentrionale coule vers le sud et passe près de Choumla. Elle se réunit ensuite à l'autre près du village de Kenprikeni; ces deux rivières ainsi confondues, prennent alors le nom de Camtchi et se dirigent vers la mer noire où elles se jettent près de Bachnia au sud de Varna.

Au nord de la Camtchi se trouve la Pravady. Cette rivière prend sa source dans les environs et au nord de Choumla, passe devant Pravady et tombe dans la mer noire près de Varna. Son lit forme également une vallée intérieure, parallèle à l'Hœmus. Dans une direction opposée à la Pravady coulent la Cara et la Ak-Lom qui prennent aussi leur source près de Choumla; la Ak-Lom réunie à la Cara-Lom se jette dans le Danube près de Roustchouk. Les routes de communication entre Roustchouk et Choumla suivent en grande partie les vallées de la Lom.

De nombreux ruisseaux s'écoulent des hauteurs qui accompagnent le cours de la Lom et de la Pravady et se jettent dans le Danube. Leurs bords s'inclinent d'abord en pentes rapides, mais s'élargissent ensuite, à mesure qu'ils se rapprochent du Danube et forment enfin de vastes plateaux entrecoupés de fondrières profondes et escarpées, dont les unes sont incultes et les autres plantées de vignes. Leurs bords extrêmes dominent la rive du Danube du côté de la Valachie.

La crête principale de l'Hœmus porte dans toute cette étendue le nom de Buluk Balkan ou Emineh-Dagh. Elle laisse le Camtchi au nord et se termine à la mer noire, près du golfe de Missivri ou Mesembria. La crête qui est comprise entre les deux Camtchi se nomme le Kutschuk Balkan.

La Nadir, qui se jette dans le golfe de Mesembria, et la Demendère qui plus bas prend le nom d'Aïdos, et se jette dans le golfe de Bourgas, forment du côté du sud des vallées parallèles à l'Hœmus. La crête comprise entre ces deux rivières porte aussi le nom de Kutschuk Balkan.

Toute la largeur de la chaîne, de Choumla à Carnabat, est d'environ 15 lieues.

L'Hœmus est entièrement couvert de bois à feuilles et d'herbes hautes et fleuries, jusqu'à ses plateaux les plus élevés qui ont généralement de la largeur. Il serait aussi susceptible de culture, les vallées exceptées. Celles-ci contiennent de nombreux villages. La terre y produit de l'orge, du seigle, du vin et des arbres fruitiers, même sur les points les plus élevés. On rencontre par exemple dans un vallon assez large sur la route de Choumla à Carnabat et sur le plateau de la croupe principale, le village de Dobrol qui a 60 maisons. On y trouve des vignes et des arbres fruitiers, particulièrement des cerisiers. Ce village est ordinairement gardé par un petit détachement turc.

Au sud de l'Hœmus, entre la Maritza et la mer noire s'abaisse une chaîne qui porte le nom de Strandja ou Stautsches Dagh ou Kutschuk Balkan et qui se termine au Bosphore de Thrace au nord de Constantinople. La grande route d'Oumour Fakhi et de Kirkilissia passe sur cette chaîne; sa plus grande élévation se trouve entre ces deux villes et dans cette étendue elle est coupée par plusieurs ruisseaux ou torrens qui descendent vers la Maritza et l'Erkené. Cette portion de la route est la plus pénible ; mais elle est néanmoins praticable ici et ailleurs et même sur l'Hœmus, où, si l'on en croit les voyageurs, les voitures peuvent même rouler rapidement.

La contrée entre Carnabat, où l'on a la montagne derrière soi, et Fakhi, est belle, fertile et bien cultivée, particulièrement vers les vallées de la

Maritza et de l'Erkené. La crête des montagnes de Strandja côtoie cette route à l'est ; en sorte que tout le pays vers la mer noire, y compris la route de Visa à Constantinople, est plus montagneux, que la contrée à l'ouest de la route principale. Mais plus on avance vers Constantinople, plus les crêtes s'abaissent et se terminent partout en côteaux fertiles et cultivés.

Il suit de cette description du théâtre de la guerre et de la direction des eaux, que le terrain n'offre point d'obstacles aux Russes avant d'arriver à l'Hœmus, et que ceux que présente cette chaîne de montagnes ne sont point aussi considérables qu'on le pense communément.

La Pravady et les deux Camtchi, les seules rivières qui coupent les lignes d'opération, ne sont point non plus considérables ; on peut aisément les traverser à gué en tems de sécheresse.

De même rien ne prouve que les défilés de l'Hœmus soient bien difficiles à franchir. Nous avons déjà fait mention de celui qui conduit de Choumla à Carnabat et qui est très-fréquenté. On prétend que celui de Pravady à Aïdos est encore plus commode. On n'a point de renseignemens précis sur les routes qui longent la côte depuis Varna, cependant on ne peut guères douter qu'elles ne soient praticables, à en juger par la configuration générale des montagnes. Il en est de même des défilés à l'ouest de Choumla.

Ce théâtre de la guerre offre le moins d'obstacles

artificiels et de véritables places fortes, soit au nord ou au midi de l'Hœmus.

Du tems des Romains, le Dobroudje était séparé du reste du pays, par le rempart de Trajan dont nous avons déjà parlé, afin de servir de barrière aux invasions des Barbares. Les ruines de ce rempart existent encore. Elles se dirigent sur une étendue de 12 lieues, le long d'un ravin qui, dit-on, servait jadis de lit au Danube lorsque ce fleuve, coulait vers la mer noire, dans une direction constante vers l'est; ce ravin est encore rempli d'eau. Cependant les Turcs n'ont jamais cherché à utiliser ces localités. L'ennemi pouvant passer le Danube plus haut, l'occupation du rempart de Trajan ne serait pas plus profitable aux Turcs, que leurs forteresses sur le Danube, dès que les Russes auront passé ce fleuve au-dessous de Rassova. On ne compte dans le Dobroudje et la Bulgarie, en fait de places tenables sous quelque rapport, que: *Baba Dhag*, forte par sa position au milieu de marais. *Bazardjik*, sur la grande route; les Turcs s'y sont maintenus pendant longtems en 1810 et sa prise coûta 1500 hommes aux Russes. *Gœlgrad* et *Krœpusti*, petite forteresse sur la côte septentrionale du golfe de Varna. *Ieni-Bazar*, petite place assez bien fortifiée; elle est située entre Choumla, Pravady et Varna. *Tirnava*, sur la Jantra; c'est l'ancienne capitale de la Bulgarie; elle est susceptible de défense: elle a 5 portes et un vaste château. *Osma Bazar;* cette place située entre Tirnava et Choumla, protège le défilé de l'Hœmus qu'on rencontre ici ; *Choumla*, renferme 5000 maisons et 30,000 habitans ; cette ville est située sur un contrefort de l'Hœmus ; elle est bâtie sur un terrain montagneux et accidenté, qui augmente beaucoup les difficultés de l'attaque ; cette place, à cause de son étendue et de sa position avantageuse, est le seul poste de guerre remarquable dans l'intérieur de la Bulgarie ; on la considère comme étant la porte de l'Hœmus. Dans les anciennes et les nouvelles guerres, Choumla fut le camp de rassemblement des Turcs, leurs Thermopyles, et dans la dernière guerre contre les Russes, leur *non plus ultra*.

Ce n'est point à tort que Choumla, par sa position, et comme point de réunion des routes principales au nord de l'Hœmus, s'est acquis une renommée stratégique. Mais le certain degré de force qu'a cette place est dû plutôt à la nature favorable des localités, qu'à la bonté des fortifications. Les avantages résultant de sa position stratégique ajoutent encore à la valeur de cette place.

Les fortifications se composent de remparts en terre ou d'épaisses murailles en briques, flanquées par de petites tours massives pouvant contenir environ 6 hommes et entourées d'un fossé. Cela forme le réduit d'un camp retranché sur les hauteurs environnantes. Ces dernières sont escarpées et couvertes de broussailles épaisses et épineuses ; elles sont aussi entrecoupées par un grand nombre de petites vallées. Ces localités si propices à la manière de combattre des

Turcs, et la grande étendue de Choumla qui a environ une lieue de long sur une demi-lieue de large, rendent également difficiles le blocus et l'attaque de cette place. A l'abri d'un bombardement, cette ville a une étendue suffisante pour tous les besoins de l'armée qui s'y renfermerait. On se livre même à la culture de la vigne et au jardinage dans l'espace compris entre la ville et le camp rétranché. L'eau ne manque pas. Les ouvrages du camp consistent en lignes droites coupées à angles droits, par des flancs très-courts. L'aile droite s'appuie à la ville, et l'aile gauche qui a la figure d'une redoute ouverte par sa gorge, à une hauteur escarpée. Un espace libre de 2500 pas se trouve entre cette redoute et les murs de la ville. En avant de l'aile gauche il y a quelques châteaux; et entre ceux-ci et les retranchemens, une hauteur escarpée appelée le Grottenberg. Un ruisseau nommé Tekie coule devant le front et l'aile droite du camp. Le 23 et 24 Juin 1810 le général russe, *Kamenskoi*, attaqua les retranchemens, principalement vers l'aile gauche; les Turcs sortirent en partie du camp et prirent l'offensive en se défendant. Le fort de l'action eut lieu particulièrement autour du Grottenberg dont les Russes s'emparèrent en effet. Mais ils ne tentèrent pas néanmoins une attaque sérieuse et générale; ils repassèrent même le Tekie, le 25 Juin. Depuis lors leur attaque se transforma en blocus pendant lequel les Russes tournèrent l'aile droite du camp, s'établirent sur la grande route de Constantinople et se trouvèrent ainsi presque sur les derrières de l'armée turque. Cependant ils ne réussirent point dans le dessein qu'ils avaient d'affamer les Turcs ; ceux-ci reçurent un transport considérable de vivres par la route d'Andrinople. Enfin les Russes durent lever le blocus le 18 Juillet pour se porter sur Roustchouk où les Turcs avaient rassemblé des forces considérables.

Ces antécédens militent sans doute en faveur de la bonne défense dont Choumla est susceptible ; il est même à supposer que les Turcs auront songé à en augmenter encore la force, afin d'en faire, comme précédemment, leur principale position. Mais il résulte des données qu'on a fournies à l'égard de l'Hœmus, qu'il n'est point absolument nécessaire de passer par Choumla pour pénétrer vers Constantinople. A la vérité le Grand-Visir fit très-bien, en se maintenant en 1810 dans Choumla sans se laisser intimider par le mouvement des Russes sur ses derrières. Il tint bon plus longtems qu'eux. Mais si les Russes étaient eux-mêmes plus rassurés sur leurs derrières qu'ils ne l'étaient alors et si leurs forces étaient suffisantes pour qu'ils pussent laisser un corps devant Choumla et continuer l'offensive, l'influence et l'importance de cette place se trouveraient neutralisées jusqu'à un certain point.

Les opérations offensives au delà de l'Hœmus peuvent se continuer sur deux colonnes agissant simultanément, l'une très-près de Choumla, ou déjà de Bazardjik à Pravady, et l'autre par Varna.

Choumla pourrait d'ailleurs être tourné aussi par les routes qui à l'ouest de cette ville, traversent l'Hœmus. Mais il faudrait, dans ce cas, avoir pour base d'opération le Danube et ses forteresses : on ne détacherait alors que des petits corps sur les routes qui franchissent l'Hœmus, afin d'inquiéter de ce côté les derrières de l'armée turque qui serait stationnée peut-être près de Choumla, et d'intercepter ses convois. Les circonstances décideraient ensuite jusqu'à quel point ces corps seraient à même d'entreprendre un coup de main sur Andrinople.

Lors même que la base sur le Danube ne serait point suffisamment assurée, le choix des routes de Varna et Pravady serait encore préférable, par cela seul que cela mettrait l'armée en communication permanente avec la flotte.

On a mis l'Hœmus derrière soi lorsqu'on a atteint la ville de Carnabat dans la Roumélie, à environ 2 ou 3 marches de Choumla et 12 marches de Constantinople. Cette ville et celle de Carapounhar sont les points de réunion des routes principales qui venant de Silistri, Choumla et Pravady, traversent l'Hœmus. Carapounhar est presque à la même hauteur que Bourgas qui n'en est éloigné que de 6 lieues. En partant de Bourgas, où l'armée principale pourra être pourvue de tout ce qui lui est nécessaire, elle devra en tous cas se concentrer près de Carnabat ou de Carapounhar comme étant les premiers points stratégiques de la marche. L'opération contre Constantinople pourrait alors être continuée avec l'armée principale par la grande route jusqu'à Kirkkilissia et avec deux corps latéraux, l'un à droite en descendant la vallée de la Maritza vers Andrinople, et l'autre à gauche, le long de la côte.

On ne rencontre point, dans cette direction, d'obstacles artificiels et les villes qui se trouvent çà et là n'ont qu'une simple chemise. De ce nombre sont: Tatar Bazardjik sur les bords de la Maritza qui devient ici navigable; plus loin: Selimno, Kirkkilissia avec un château et Visa avec une citadelle ruinée.

Kirkkilissia est situé à peu près à la même hauteur, d'un coté avec Andrinople, et de l'autre côté avec Visa et le port de Midiah qui en est peu éloigné.

L'armée principale peut alors s'avancer facilement vers Constantinople, sur deux colonnes; mais pour une entreprise sérieuse contre cette capitale, il est nécessaire d'occuper la ligne d'Andrinople à Midiah, qui devient la dernière base d'opération.

Andrinople, surtout, est d'une haute importance; cette place est trop grande, trop populeuse et relativement trop forte, pour qu'on puisse songer à une attaque de la capitale avant d'en avoir pris possession. Il n'est point à présumer que le corps latéral de droite serait suffisant pour s'emparer d'Andrinople. Mais si au lieu d'arrêter l'armée principale pour la charger de ce soin, on veut marcher, sans perte de tems, sur la capitale, ce qui est aussi beaucoup plus convenable, il faudrait du moins faire bloquer Andrinople par un corps d'une force suffisante, et maîtriser cette place ainsi que tous les mouvemens militaires du côté de l'ouest.

Il faut toute fois s'attendre à trouver devant Constantinople une résistance très-opiniâtre et d'autant plus soutenue, que cette capitale restera plus longtems en communication avec l'Asie.

Il est évident, d'après cela, que cette attaque demande à être soutenue également du côté de la mer. La tenter seulement par terre ce serait vouloir saisir le taureau par les cornes. Mais en admettant même qu'une double attaque ait lieu simultanément, cette ville, en raison du grand nombre d'hommes et des autres ressources de guerre qui s'y trouvent réunis, tiendrait vraisemblablement aussi longtems qu'on y trouverait des vivres.

Au commencement de la guerre contre les Grecs, on évaluait la population de Constantinople à 600,000 âmes, dont 300,000 Musulmans. 100,000 Grecs, 60,000 Arméniens, 30,000 Juifs et le surplus des Francs. Mais le nombre des habitans non Mahométans, particulièrement celui des Grecs, doit avoir éprouvé une grande diminution depuis 1821. Les Arméniens ont été expulsés depuis peu. Par contre on peut admettre que le nombre des Musulmans s'est accru, par les arrivages des provinces et de l'Asie. En tout cas il est à croire que quelques centaines de milliers de Turcs seraient prêts à défendre la capitale. Une description sommaire va maintenant nous montrer jusqu'à quel point sa situation et ses fortifications sont favorables à la défense.

Constantinople est bâti sur une langue de terre arrondie qui est circonvenue, au sud-ouest, par la mer de Marmara, et au nord-est par un golfe du Bosphore de Thrace ou canal de Constantinople qui pénètre de 3000 toises dans les terres. Ce dernier forme un excellent port militaire et marchand ; il peut contenir commodément 1200 bâtimens ; sa largeur varie de 100 à 400 toises.

Le côté de la terre est fermé par une double muraille, dont la longueur est un peu moins d'une lieue. Son extrémité méridionale, s'appuie à la mer de Marmara, et son extrémité septentrionale, au port. Ici elle se brise, en forme d'un demi-bastion, dont la face droite touche au port.

Les murs sont construits, en grande partie, avec de grosses pierres de taille. Le mur extérieur a 18 pieds, et le mur intérieur, 12 pieds de hauteur.

Chaque enceinte est flanquée par 250 tours espacées d'une portée de trait et disposées pour recevoir des bouches à feu. Les tours de la muraille intérieure se trouvent vis-à-vis des intervalles qui séparent les tours de la muraille extérieure.

En avant de cette dernière il y a un fossé d'une largeur de 25 pieds.

Les côtés de la mer sont seulement protégés par une simple muraille moins haute et moins forte. Cependant quelques batteries, de 8 à 12 bouches à feu chacune, ont été construites par des ingénieurs français, en avant de cette muraille, tant vers la mer de Marmara que du côté du port.

Sur cette langue de terre même et vis-à-vis l'entrée dans le port et dans le Bosphore, se trouve le sérail. Il se compose de plusieurs bâtimens, cours et jardins formant, à eux seuls, une petite ville qui compte 6000 habitans ; elle a 2 lieues de tour et est entourée de murs très-épais. Ils sont percés de 3 portes, une extérieure, une du milieu et une intérieure ; elles donnent entrée dans la cour extérieure, dans la cour intérieure et dans le harem.

Les murs extérieurs du sérail sont flanqués du côté de la mer par des tours carrées et du côté de la ville par des tours rondes.

Les murs du côté de la mer sont aussi garnis partout d'un parapet en pierre et pourvus de plusieurs batteries. Des canons sans affûts sont dirigés de manière à battre la surface de l'eau. Ces batteries sont toujours armées de 50 pièces, qui servent aux salves de réjouissance.

Plus à l'ouest se trouve le vieux sérail qui est beaucoup plus petit, mais également entouré de hautes murailles. Il sert de demeure aux sultanes douairières.

A l'extrémité méridionale de l'enceinte du côté de la mer et intérieurement, se trouvent les célèbres sept tours ; elles sont réunies entr'elles par une forte muraille et forment une espèce de citadelle. Mais trois de ces tours ont été renversées par un tremblement de terre et on ne les a plus rétablies.

Constantinople est bâti comme Rome, sur sept

collines ; cette ville a 26 portes , dont 7 du côté de la terre, 6 vers la mer et 13 sur le port.

La ville est précédée de 15 faubourgs dont une partie au nord du port, et les autres au nord et à l'ouest de la ville.

Vis-à-vis l'entrée du port, mais un peu plus près de Scutari sur la côte asiatique, se trouve la tour de Léandre ; elle est bâtie sur un rocher escarpé ; les Turcs la nomment Ketzgouala ou Kitzkoulessi. Elle sert de phare et est fortifiée. L'artillerie de cette tour bat l'entrée du port, le Canal, le Sérail, Scutari et les faubourgs de l'autre côté du port, Pera, Galata, Tophana et Demitri. Pera et Galata, les plus rapprochés du Port, sont principalement habités par les Francs et les ambassadeurs des puissances de l'Europe.

Demetri qui s'étend d'avantage dans l'intérieur des terres, est le quartier des Grecs.

Tophana, sur les bords du canal, renferme la fonderie de canons, l'arsenal, les casernes de l'artillerie et d'autres bâtimens militaires.

A l'exception de Galata qui est clos de murs, tous les autres faubourgs sont ouverts.

Ceux du côté de la terre commencent déjà tout près ou seulement à une portée de canon des murs de la ville ; il en est de même de plusieurs villages et de nombreuses métairies.

Tout le terrain qui environne la ville dans cette partie, est dominant et coupé par un grand nombre de fonds marécageux qui rendent l'approche difficile.

Cette disposition du terrain est singulièrement appropriée à la manière de combattre et au système de défense offensive des Turcs.

Le faubourg d'Eïoub, à la pointe septentrionale de la ville, est aussi dans une situation très-avantageuse sous les mêmes rapports. Il s'étend au nord, le long du port, dont la largeur diminue ici successivement, et il est également circonvenu par des ravins marécageux, par des sommités étroites, et par plusieurs villages.

L'ensemble de la configuration du terrain est dû, vers le nord, aux rivières Kydaris et Barbisis qui après leur jonction prennent le nom d'Hydrale, et se jettent dans le port ; et du côté de l'ouest, à un ruisseau qui coule dans la ville. Ce terrain se prête parfaitement à l'établissement d'un camp retranché, dont le village de Topdschi Keni, placé sur une hauteur, serait la clef ; l'aile gauche s'appuierait aux murs de la ville.

Plus en avant on rencontre le village de Daoudpacha situé dans une plaine d'une grande étendue, dans laquelle le Grand-Seigneur passe ordinairement la revue des troupes qui se rendent à l'armée. Comme cette plaine est le seul terrain dans les environs de Constantinople qui soit favorable aux mouvemens de la cavalerie, il est à croire que les Turcs ne manqueraient point de l'utiliser dans leurs sorties. Mahomet IV transféra sa résidence à Daoudpacha, lorsque les fréquentes insurrections des habitans de Constantinople lui eurent inspiré du dégoût pour cette capitale. On voit encore maintenant son sérail à Daoudpacha.

L'occupation du faubourg d'Eïoub parait être indispensable pour une attaque contre Constantinople. Car, premièrement, c'est ici le véritable point d'attaque parce que, comme on l'a déjà dit, l'enceinte de la ville forme, en cet endroit, un saillant à la manière des bastions. De plus ce point est le plus rapproché, en ligne directe, des quartiers les plus populeux de la ville et du sérail qui peut être considéré comme une sorte de citadelle. Enfin on peut lier cette attaque avec une autre qu'on entreprendrait du côté du port. Secondement, si l'on négligeait de faire observer le faubourg d'Eïoub, les Turcs l'utiliseraient pour prendre en flanc une attaque plus vers le midi et l'inquiéter très-sérieusement avec leur manière de combattre accoutumée. Une attaque de ce genre pourrait, par exemple, être dirigée contre la porte Topkapessi (*porta romani*) attendu que les murs forment ici un angle saillant obtus. C'est par là que les Turcs pénétrèrent dans la ville, en 1453; à la vérité la garnison qui était faible et ne comptait que 6000 hommes s'était bornée à défendre les murs de la ville. On ne pourrait par conséquent attaquer cette porte qu'après avoir pris possession du faubourg d'Eïoub que sa position rend en général très-susceptible de servir de citadelle.

Il est une circonstance qui porte un très-grand préjudice à la défense de Constantinople contre une attaque du côté de la terre; c'est que l'eau douce qu'on boit dans la ville provient de sources situées à 5 ou 6 lieues de là dans la montagne de Strandja. Il y a en outre des aqueducs qui datent encore de l'empire grec et qui sont d'une construction grossière. Trois de ces aqueducs ont 7 lieues de longueur ; ils viennent depuis Bourgas, ville située près de la mer sur la route d'Andrinople. Un quatrième aqueduc venant de la rivière d'Hydrale porte en entrant dans la ville le nom du Canal d'Eïoub.

On peut conclure de ces observations, que Constantinople est dépourvu d'une fortification régulière et systématique, mais en se rappelant ce qu'on a dit précédemment, de l'énergie avec laquelle les Turcs savent défendre les plus mauvaises places, il ne faut point juger la valeur de cette capitale, d'après les véritables principes de la fortification ; il faudrait sans cela envisager aussi avec raison la grande circonférence de la ville comme un obstacle très-préjudiciable à la défense.

Il faut encore tenir compte ici de cette circonstance particulière, que les différens quartiers de la ville et principalement les deux sérails et les palais des grands dont le plus grand nombre se trouvent dans la partie nord-est de la ville, doivent être considérés comme autant de petites forteresses que les Turcs défendraient indubitablement, lors même que l'ennemi aurait déjà pénétré dans la ville. Un combat long et opiniâtre, dans l'intérieur, déciderait donc seulement de la véritable possession de Constantinople ou plutôt de ses ruines ; à moins que la faim et le manque d'eau ne contraignissent les Turcs à se rendre en masse.

———

Ces notions doivent paraître suffisantes pour justifier l'opinion, qu'une guerre d'invasion contre la Turquie présente beaucoup moins de difficultés, pour les Russes que pour les Autrichiens, mais que néanmoins si les Turcs ne se démentent pas complétement, cette guerre éprouvera en tous cas un tems d'arrêt devant Constantinople.

Une guerre d'invasion exige d'ailleurs l'emploi de ressources considérables, qui d'un autre côté sont bornées par la difficulté de se procurer des vivres et des moyens de transports. Cette guerre demande à être conduite avec rapidité, quand on fait usage du systême des réquisitions. Mais sur le théâtre de la guerre dont il s'agit, on ne trouverait que ce que les habitans n'auraient pas pu détruire. Ceux-ci se réfugieraient dans les villes et les défendraient.

C'est peut-être seulement, lorsqu'une armée aurait pénétré jusques devant Constantinople, qu'elle se trouverait aux prises avec les plus grandes difficultés, tant pour contenir tout le pays traversé déjà, et assurer les derrières et les flancs de l'armée, que pour se procurer des moyens de subsistance. L'établissement de villes d'entrepôts, pour les transports par mer, devient par conséquent un besoin urgent.

Les forces nécessaires pour l'invasion par terre, ne peuvent guère être évaluées au-dessous de

200,000 hommes, en y comprenant 60,000 hommes pour les opérations le long du Danube. Si les circonstances permettent que ce corps prête en même tems les mains à une forte insurrection en Servie, il suffira pour occuper sérieusement les Turcs de ce côté, et les obliger d'y envoyer des forces considérables.

Il ne reste donc plus que 140,000 hommes pour l'opération contre Constantinople. Sur ce nombre il faut au moins 40,000 hommes, pour marcher contre Choumla et former un corps latéral qui passerait l'Hœmus à l'ouest de cette place; et 100,000 hommes pour l'armée principale. Mais cette dernière n'aura plus cette force en arrivant devant la capitale; car il en faudra déduire les pertes occasionnées par une ou plusieurs batailles, par les combats, les maladies, les garnisons etc.

Les malades surtout ne laisseront pas d'être nombreux, à cause de la nouveauté du climat, du manque d'eau ou de sa mauvaise qualité; nous écartons même toute idée du danger de la peste.

Par contre, lorsqu'on aura manœuvré les Turcs devant Choumla ou qu'on aura enlevé cette place, le corps qu'on y avait laissé pourrait rejoindre en grande partie. Malgré cela, dans l'hypothèse la plus favorable, on pourra tout au plus se présenter devant Constantinople avec 100,000 hommes. Ce n'est point trop pour s'emparer d'une ville aussi vaste et pour s'y maintenir, mais c'est peut-être trop pour qu'on puisse donner, dans ces contrées, à une armée aussi nombreuse tous les soins convenables.

Enfin, il reste encore à savoir si le gouvernement turc réussirait à inspirer aux musulmans la résolution de concourir tous à la défense de l'empire. Il ne pourrait s'en reposer que faiblement sur l'organisation européenne et sur la tactique de ses troupes. L'inoculation de ces principes est encore trop récente, elle n'a pas encore pénétré assez profondement la substance intellectuelle et morale du peuple et de l'état pour porter déjà maintenant tous ses fruits. Il semble que la vivification des principes encore existans et qui se fondent sur les mœurs, les opinions et la religion du peuple, pourrait bien provoquer une résistance générale et sérieuse, lors même que celle-ci ne se serait point accrue, à la longue, par l'effet de la supériorité matérielle et morale de l'empire russe.

Les Turcs ne sont plus les Turcs du tems de *Mahomet!* et les Russes ne sont plus les Russes du tems de *Pierre le Grand!* Le génie des deux peuples diffère essentiellement.

Les favorables circonstances politiques qui firent des Turcs un peuple conquérant, et sous lesquelles la Russie prit son essor, guidée par la civilisation européenne, ces circonstances n'ont plus lieu pour les Turcs. Ils renversèrent l'empire grec qui était alors vermoulu, et quand *Pierre* apparut pour la première fois sur leurs frontières, le leur même était déjà sur son déclin. Depuis lors les Osmanlis n'ont fait que des pas rétrogrades en force et en civilisation, tandis que les Russes ont toujours marché en avant. Le résultat final est facile à prévoir. Tôt ou tard la Russie atteindra son but, et l'empire turc subira sa destinée. La civilisation s'étendra sur le sud-est de l'Europe, non pour les Turcs, mais pour les Européens.

Nota. Nous avons imité l'auteur en ne joignant point à notre traduction une carte de la Turquie d'Europe. Cette carte est tellement répandue maintenant qu'elle eut inutilement haussé le prix de l'ouvrage, qu'on a restreint autant qu'il a été possible de le faire. Nous avons d'ailleurs eu le soin de consulter scrupuleusement pour l'orthographe des noms de villes, rivières, montagnes, etc. l'excellente carte dressée par M. le Chevalier Lapie, officier supérieur au corps royal des Ingénieurs géographes, sur des matériaux recueillis par MM. le Lieutenant-général Comte Guilleminot et le Maréchal de Camp, Baron de Tromelin.

www.ingramcontent.com/pod-product-compliance
Lightning Source LLC
LaVergne TN
LVHW022124080426
835511LV00007B/1020